Un lieu,
des hommes,
une histoire

Dans la même collection :

Un site de chasseurs préhistoriques, Rouffignac
par Louis-René Nougier et Véronique Ageorges

Une cité à l'âge du fer, Biskupin
par Grégoire Soberski

Un village d'artisans égyptiens sous Ramsès IV, Deir el-Médineh
par Viviane Koenig et Michel Jay

Une ville en Mésopotamie sous Nabuchodonosor, Babylone
par Etienne Morin

La cité grecque sous Périclès, Athènes
par Georges Grammat

Une forteresse au temps des croisades, le Krak des Chevaliers
par Philippe et Pierre Brochard

Un village au Moyen Age, Luttrell
par Sheila Sancha

Un fleuve en 1840, la Loire
par Jacques Poirier.

A paraître :

Une abbaye pendant la Guerre de Cent Ans, le Mont Saint-Michel
par Philippe Brochard et Marie-Geneviève Froidevaux

Loi 49-956 du 16 juillet 1949
sur les publications destinées à la jeunesse.
Dépôt légal septembre 1985
8555
ISBN 2 226 02180 9
Imprimé en France

un lieu, des hommes, une histoire
Collection dirigée par Martine et Daniel Sassier

UNE COLONIE VIKING AU GROENLAND BRATTAHLID

JEAN OLLIVIER
Illustrations de EDOUARDO COELHO

ALBIN MICHEL JEUNESSE

POURQUOI PARTAIENT-ILS ?

Le *Miroir du Roi* est un texte célèbre du XIIIe siècle. Un roi du Nord parle à son fils. Il lui donne les raisons qui poussent les hommes à gagner le lointain Groenland.

> « Puisque tu désires savoir ce qu'on va chercher dans ce pays et pourquoi on fait cette traversée, malgré de tels risques, je dirai qu'on y est poussé par une triple propriété de la nature humaine.
>
> « La première est le besoin d'émulation et la recherche de la gloire, car le caractère de beaucoup d'hommes les pousse à partir là où il y a de grands risques pour en tirer célébrité.
>
> « La seconde est la soif de connaître, car c'est là un penchant de la nature humaine, de rechercher et de voir les choses dont on lui a un jour parlé afin de savoir si la vérité correspond bien à ce qu'on lui a dit ou non.
>
> « La troisième chose est l'espoir de richesse, car les hommes la recherchent partout où ils finissent par apprendre qu'il y a quelque chose à gagner, si grands que soient les dangers qui menacent de l'autre côté. »

A BRATTAHLID, SUR LES CÔTES DE L'ILE VERTE

En 985, des émigrants islandais, descendants d'aventuriers norvégiens, fondent, sur la côte Sud-Ouest du Groenland, le premier établissement d'hommes blancs de l'Atlantique du Nord-Ouest.

Un banni dont le nom est passé à l'Histoire — Erik Rauda (Erik-le-Rouge) — se trouve à l'origine de cette colonisation.

Sa ferme — la longue-maison norroise — construite au fond d'un fjord profond, sur le versant d'une colline, porte le nom significatif de Brattahlid (Raide-Pente).

Sous l'impulsion d'Erik, Brattahlid se développe rapidement tandis qu'un certain nombre de chefs de famille, dont les noms sont venus jusqu'à nous, bâtissent leurs propres fermes, dans la même région Est, au nord de l'actuel Cap Farewell et près de la ville moderne de Julianehaab.

Les établissements de l'Est ou Eastbygd désignent l'ensemble des lieux de peuplement de cette aire géographique. A deux cent milles au nord de Brattahlid, des pionniers fondent les établissements de l'Ouest ou Westbygd.

Au printemps de l'an 1000, Leif Erikson, fils aîné d'Erik, découvre des terres à l'ouest : Helluland, Markland, Vinland, qui sont des points du continent américain. Il s'agit sans doute du Labrador, de Terre-Neuve et des approches du fleuve Saint-Laurent ou de la presqu'île de Nouvelle-Écosse.

D'autres le suivent, fascinés par l'attrait de ce nouveau monde, débordant de richesses.

Dès lors, Brattahlid devient en quelque sorte la plaque tournante du commerce dans l'Atlantique Nord. Les relations avec la Norvège et l'Islande sont fréquentes, sinon régulières, et les expéditions au Vinland prennent un caractère de routine.

L'odyssée d'Erik Rauda et de ses fils et l'histoire de Brattahlid et du nouveau monde de l'ouest sont relatées dans deux textes d'une valeur inestimable, en langue islandaise, datant du XIVe siècle, le *Hauksbok* et le *Flateyyarbok*, qui reproduisent des manuscrits plus anciens. On découvre dans ces textes *La Saga d'Erik-le-Rouge* et *Le Livre des Groenlandais*, chapitres traitant de la colonisation de l'île Verte (le Groenland) et des voyages au Vinland.

L'histoire du Groenland couvre à peine cinq siècles. Un peuple qui connut un destin assez extraordinaire disparaît dans l'inconnu, au XVe siècle. Brattahlid et les établissements s'enfoncent dans la nuit.

Surprenant et étrange dénouement d'une aventure unique. Comme l'écrit l'historien Charles Marshall Smith dans *Northmen of Adventure* :

> « Erik-le-Rouge, Leif et Thorvald Erikson ne vécurent pas inutilement. Ils traversèrent l'océan, découvrirent le Vinland et les voyages au long cours devinrent courants chez les hommes. Mais il y a une saison et un temps pour tout sous les cieux... »

Un grand mystère demeure sur la fin des établissements. Des ruines témoignent pourtant de l'importance de ce peuplement du Groenland. A Brattahlid, à Hvalsey, à Sandnes, à Heriulfnes, à Undir Hôfdi, à Eriksey, les fondations de longues-maisons, des pans de murs, des nefs d'église, des vestiges innombrables disent éloquemment ce que fut le passé du Groenland blanc.

Les cimetières de Brattahlid, d'Heriulfnes, de Gardar, de Sandnes, livrent à la curiosité des savants, non seulement les ossements de ces vieux Vikings, mais d'humbles, d'émouvants témoignages de la vie, conservés dans la terre gelée : épées, fers de hache, outils, tuniques, manteaux, chaussures et aussi la crosse d'un évêque et le casque d'un guerrier.

A l'Anse aux Meadows, sur la côte Nord de Terre-Neuve, le professeur Ingstad met au jour les fondations d'une base groenlandaise, neuf emplacements de maisons et une forge. Les trésors de la terre confirment les récits de la *Saga d'Erik* et du *Livre des Groenlandais*.

Brattahlid s'inscrit comme un haut-lieu de l'histoire de l'Atlantique Nord.

Islande, dernier refuge...

Erik, fils de Thorvald, fils d'Asvald, fils d'Ulf, vivait des jours heureux dans le pays de Jaederen en Norvège. Sa chevelure, aussi rousse qu'une toison d'écureuil, lui valait le surnom d'Erik Rauda, Erik-le-Rouge.

Dès son plus jeune âge, il escaladait les falaises à la recherche des œufs d'eider et de mouette, tirait à l'arc, se baignait dans les eaux froides du **fjord** et jouait aux échecs. L'hiver, il pratiquait le patin et le ski. Aux beaux jours, il entraînait son ami Eyolf dans des galops épuisants sur les pentes.

Cette vie en Norvège allait prendre fin. Thorvald, le père d'Erik, tua un homme et fut condamné par le **Thing** local au bannissement à vie. Il entassa dans son navire sa famille, ses serviteurs, son bétail, et mit la voile, un jour du printemps 961. Cap sur l'Islande, plein ouest.

Cette terre de glace et de feu avait été découverte quatre siècles plus tôt par un certain Flocki. Des colons norvégiens s'installèrent dans les vallées les plus clémentes et firent souche.

Comme beaucoup d'autres avant eux, Thorvald et Erik quittèrent la Norvège sans espoir de retour.

Le bateau du grand large

Le navire de Thorvald est un **haf-skip,** un bateau conçu pour naviguer au large, tout à fait différent du **drakkar** classique. Ce dernier est taillé pour la course et le combat; c'est le fameux coursier des vagues que célèbre la **Saga** des Volsungs.

« Sigurd, tu dois tailler les runes des brisants si tu veux que le coursier des vagues aille en sûreté sur la mer. Tu graveras les runes sur l'étrave et sur la barre du gouvernail. Et tu les appliqueras au fer rouge sur les avirons ».

Les **runes,** les sculptures de proue, les dorures et les couleurs appartiennent au drakkar aux lignes pures. Fin comme un lévrier, il ne perd jamais la côte de vue afin de gagner un **atterrage** en cas de gros temps. La forte houle et la mer creuse submergent sa coque basse.

Le haf-skip, ou **knorr** ou **kaupskip,** affronte avec aisance les lourdes lames de l'océan. Le « bateau rond » devient le navire des grandes traversées.

Si le drakkar est le coursier des vagues, le knorr mérite le surnom de bœuf de la mer. Doté d'un haut bordage, coque large et creuse, il trace son sillon avec patience. Sa stabilité compense sa lenteur. Voguant de jour et de nuit, il grignote les distances. Il se manœuvre surtout à la voile. Sur l'avant et l'arrière, des avirons servent par temps de **bonace** et pour les accostages.

Naviguant avec un équipage assez réduit, il transporte des cargaisons importantes. Le drakkar est l'expression du génie viking; le knorr, une manifestation du caractère pratique de ce peuple de paysans-marins.

Le mât, dont la base s'implante dans une grosse pièce de chêne appelée « vieille femme », peut s'abaisser à volonté et repose sur un berceau. Une voile carrée, dont l'envergure doit varier de douze à quinze mètres, grée le haf-skip.

Les constructeurs vikings ont inventé la coque à **clins.** Ils ont aussi conçu un gouvernail original. Au lieu d'être fixé sur l'**étambot,** il est arrimé **tribord** arrière sur le **plat-bord,** ce qui permet une marche plus souple et plus régulière. Par tous les temps, un homme peut manœuvrer la barre en s'aidant d'un mince cordage.

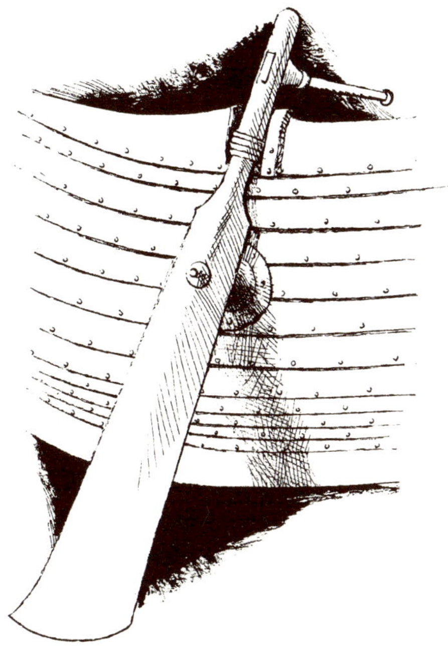

... le gouvernail est arrimé tribord arrière sur le plat-bord...

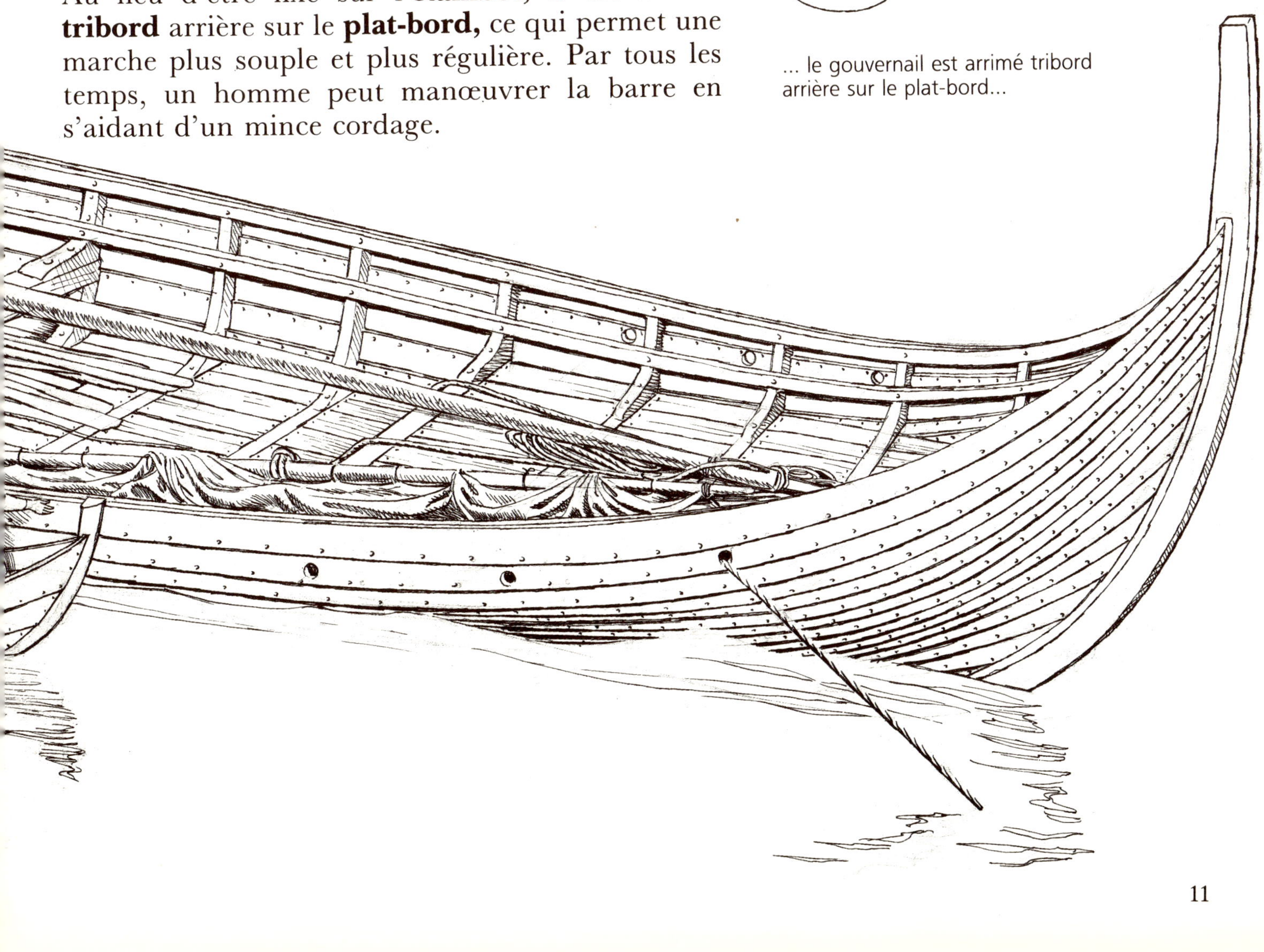

Tignasse rouge et mauvaise tête

Thorvald et ses gens s'installèrent dans le Hornstrand, au nord-ouest de l'Islande. Et la grande ferme des Rocs Pointus prospéra.

Thorvald mourut alors qu'Erik atteignait l'âge d'homme. Le Rouge prit la direction de l'exploitation. Il avait hérité de son père une haute stature. Des talons aux cheveux, près de deux mètres. Un menton carré, des pommettes larges, des yeux couleur d'aigue-marine affirmaient une énergie indomptable. Il n'avait pas son pareil pour mener les chevaux de combat lors des fêtes du **Jol** et pour dompter les bœufs à demi sauvages.

Il épousa Thiodild, fille de Jorund, fils d'Ulf, fils de Thiorbiorg Poitrine-de-Bateau. Thiodild possédait le beau domaine du Val du Faucon. Elle accoucha d'un fils, Leif. Thor et Frey, les dieux bénéfiques, protégeaient Erik.

Les choses pourtant se gâtèrent. De son père Thorvald, Erik-le-Rouge tenait aussi la violence de caractère et l'intransigeance.
Un jour, les **serfs** d'Erik provoquèrent un éboulement de terrain sur la ferme de Valthiof, un voisin. Si bien qu'Eyolf-la-Vase, un parent de Valthiof, tua les serfs d'Erik. Et Erik... tua Valthiof.
Condamné par le Thing, Erik, avant de s'exiler dans l'île des Bœufs, confia les **poutres** de sa maison à Thorgest, maître du domaine de la Grande Demeure. Plus tard, Thorgest refusa de rendre ces poutres. Il y eut combat près des Rocs Pointus. Deux des fils de Thorgest et quelques autres hommes y laissèrent leur vie. Trop de sang avait coulé! Le Thing de la Pointe de Thor se réunit devant la falaise. Il condamna Erik et ses compagnons au bannissement hors d'Islande.

La Terre Verte de l'Ouest

Erik équipa un navire. Il annonça à ses hommes qu'il partait à la recherche du pays aperçu autrefois par Gunnbiorn. Il naviguait alors à la dérive vers l'ouest et découvrit les Gunnbiorn Skerries. Erik dit qu'il reviendrait chercher ses amis.

Il prit la mer au large du glacier du mont des Neiges. Il navigua vers l'ouest. Au-delà des rochers de Gunnbiorn, il arriva près du glacier du Manteau Bleu. Il fit route vers le sud en longeant la côte dans l'espoir d'y trouver des terres habitables. Il passa le premier hiver dans une île appelée île d'Erik. Au printemps, il pénétra dans un fjord et s'établit à Erikfjord. Il partit à la découverte et donna des noms à tous les lieux qu'il explorait. Il hiverna en 982 dans l'île d'Erik, près du pic de la Disparition.

Le troisième été, Erik remonta le Hrafnfjord. Il vit des vallées agréables, des prairies qui valaient bien celles du Hornstrand, en Islande. Des courants tièdes baignaient cette côte, car phoques, morues et flétans abondaient dans les criques. Il ne se lassait pas de ces grands paysages. Ce pays serait le sien. Il le savait.

L'été suivant, il regagna l'Islande et entra dans le Large Fjord. Il défiait le Thing, mais se trouvait assez fort pour passer outre les interdits. Il parlerait aux hommes du Hornstrand. Ils le suivraient sur cette terre nouvelle.

Erik appela le pays qu'il avait découvert « Groenland » — la Terre Verte —, estimant que les Islandais s'y rendraient s'il avait un beau nom...

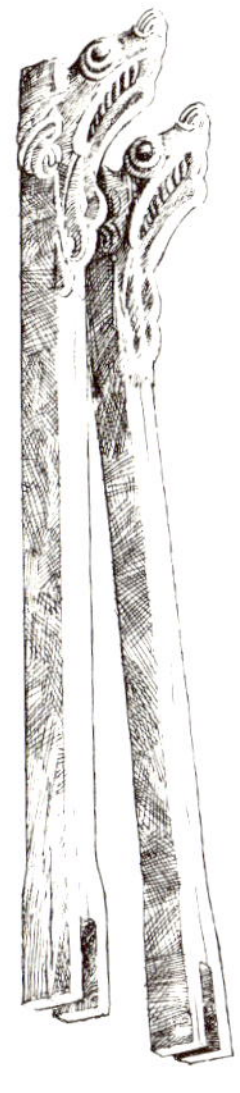

Les poutres sacrées de la longue-maison

Une flotte sur la mer

Erik prit la mer aux beaux jours de l'année 985. « Ari, fils de Thorgill, dit qu'à l'été, vingt-cinq bateaux quittèrent le Large Fjord pour le Groenland. Quatorze arrivèrent à destination. Quelques-uns firent demi-tour. D'autres se perdirent. Ceci se passait quinze années avant que le christianisme eût été reconnu comme religion officielle en Islande. » **(Landnamabok).**
A bord du knorr d'Erik, se trouvaient sa femme Thiodild, ses trois fils, Leif, Thorvald et Thorstein, et sa toute petite fille, Freydis, que lui avait donnée sa maîtresse, la belle Thorbjarga.

Reconstitution d'un instrument à faire le point en mer aux temps vikings.

« Le roi Olaf demanda à Sigurd où le soleil pouvait bien se trouver et Sigurd le lui dit. Alors le roi ramassa la « pierre solaire », que consultait Sigurd. » *(Saga d'Olaf)*

Hommes, femmes, enfants, bétail à cornes et à laine s'entassaient dans les bateaux ronds à haut bordage. Chaque chef de famille emportait, avec les piliers sacrés de sa maison d'Islande, ses outils, ses armes, ses chaudrons en **stéatite,** ses provisions d'orge et de poisson séché, ainsi que les semences destinées aux récoltes futures.
Les tempêtes avaient éprouvé les équipages, les passagers et les haf-skips. Sur le millier de personnes parties d'Islande, quatre cents avaient disparu. Les survivants invoquaient le dieu Thor et le conjuraient de les conduire à bon port. Ils savaient qu'il ne pouvait y avoir de retour en arrière. La Terre Verte décrite par Erik constituait désormais un but de vie et un immense espoir. Ils s'accrochaient au désir de coloniser ce pays neuf. Leurs ancêtres venaient de Norvège. Leurs fils et leurs descendants seraient groenlandais.

Les colons de l'étoile Polaire

Le Groenland !
Ils virent des fjords semblables à ceux d'Islande. Des vallées largement ouvertes sur le ciel. Des pentes tapissées d'herbe verte.
Erik engagea son knorr dans le fjord qui portait son nom. Les bâtiments en pierre qu'il avait construits lors de ses derniers **hivernages** s'alignaient sous les bosquets de bouleaux blancs. Il appela ce lieu « Brattahlid » : Raide-Pente. Il en ferait le centre des établissements de l'Est *(Eastbygd)*. Les bateaux se rangèrent le long du rivage. Les émigrants débarquèrent bétail, vivres et matériaux.

« Voici les noms des hommes qui, partis avec Erik, colonisèrent le Groenland : Heriulf, Hrafn, Ketil, Sölvi, Helvi, fils de Thorbrand, Thornbyorn-la-Lueur, Einar, Hafgrim, Arnlaug. » *(Le Livre des Groenlandais)*. Chacun de ceux-là bâtirait sa ferme dans Eastbygd. Plus tard, quelques autres iraient plus au nord et fonderaient les établissements de l'Ouest (*Westbygd*).

Et la vie prend son cours...

Dans les jours qui suivent, le campement s'organise autour de Brattahlid.
Les équipes de jeunes hommes pourvoient au ravitaillement de la colonie. Les pêcheurs ramènent dans les filets des chargements de morues et de flétans. Thorall-le-Chasseur, vieux compagnon d'Erik, va par monts et par vaux, estimant en espèces de gibier la richesse du pays. Les enfants piègent les oiseaux du fjord, plus par jeu que par nécessité, entre deux veilles aux pâturages, où vaches, chèvres et moutons vont librement.
Les femmes s'activent autour des feux. La bouillie d'orge et de chou mitonne dans les chaudrons. Déjà le marteau du forgeron sonne sur l'enclume et l'herminette du charpentier fait écho au pilon d'une servante qui broie le grain.
Erik-le-Rouge est partout, veille à tout. Il sait que l'été du Groenland est court.

Brattahlid
Le rêve prend forme

Très vite, les chefs de famille s'installent dans divers domaines d'Eastbygd.
Ainsi, Heriulf choisit Heriulfjord, Helvi, fils de Thorbrand, gagne le fjord des Cygnes, Thorbyorn-la-Lueur, celui du Mât, et Hafgrim dresse, lui, le Hameau-du-Lac.
Erik et ses gens, de leur côté, aménagent Brattahlid. La longue-maison ne mesure pas moins de quarante-quatre **pieds** de long sur treize pieds et demi de large. A la fois cuisine et salle de séjour, cette pièce principale, que l'on appelle le *hall,* peut abriter toute la maisonnée.
Un dallage de pavés et de galets donne accès à l'entrée principale du hall.

Des pièces secondaires s'ordonnancent à l'abri du toit : chambres des maîtres, chambres des hôtes, pièces de travail pour les femmes. Des portes ou des rideaux de toile isolent ces locaux.
Deux rangs de piliers intérieurs supportent le toit. Le long des murs de pierre enduits d'argile, court une banquette. Les long-foyers (les *langeldar*) dispensent dans la maison la chaleur des braises. Ce long-foyer apparaît comme une étroite tranchée creusée dans le milieu du sol et bordée de pierres plates. D'autres locaux servent à la fois de pièces à dormir et de laiterie ou d'office ou de resserre. De grandes cuves d'argile enfoncées dans le sol, destinées à garder le petit lait, équipent la laiterie. Enfouie à demi dans le sol, protégée du froid par le remblai de terre qui couvre la façade, la longue-maison de Brattahlid offre peu de différence avec les fermes de Norvège ou d'Islande.

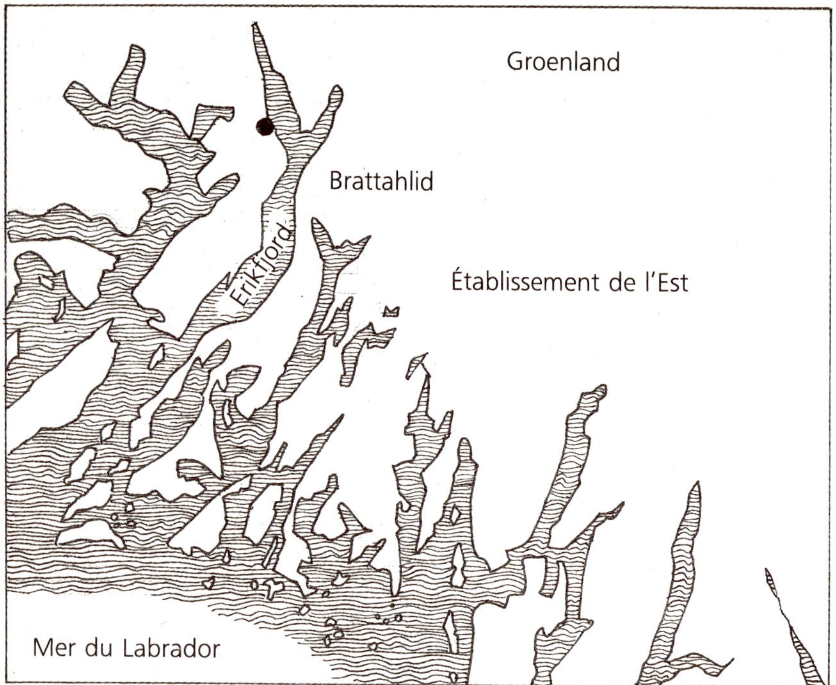

Le village du fond du fjord

La neige, plume de l'hiver comme disent les **scaldes,** recouvre Brattahlid. Le vent du Nord beugle comme un taureau. Erik a mis à l'abri bêtes et gens. Après la construction de la longue-maison, les colons ont bâti les communs. A proximité de la ferme se dressent maintenant plusieurs bâtiments. Brattahlid prend une allure de village.

La richesse d'une ferme se mesure au nombre de ses étables, appelées *hus.* Étables pour les vaches, pour les chevaux, pour les chèvres et les moutons. La *kornhlada,* c'est la grange. La *heylada,* le fenil. Dans l'*uti-bur,* on range les outils agricoles, les harnais, les semences et les pots de salaisons. La forge occupe une place d'honneur, car le travail du forgeron, batteur de fer, est sacré.
Dans le sauna, hommes et femmes se frictionnent pendant qu'un serviteur arrose d'eau des pierres chauffées au rouge, qui crachent une vapeur brûlante.
A l'écart, enfin, la petite hutte du lieu d'aisance. Pour compléter cet ensemble, Erik a aménagé un hangar à bateaux et un fumoir à poissons sur la grève du fjord .
Les Groenlandais hivernent dans la quiétude de Brattahlid. Les femmes cuisinent, lavent, ravaudent, parlent. Les hommes, assis sur la banquette du hall, écoutent les conteurs. Une seule ombre au tableau : ces rudes buveurs manquent de bière.

Njörd-le-Riche et les moissons de la mer

Les beaux jours revenus, les jeunes hommes lancent les campagnes de pêche après avoir invoqué Njörd-le-Riche, dieu de la mer et des vents, qui préside aux prises heureuses. Morues, flétans, harengs nagent par bancs compacts au large d'Erikfjord. Pour peu que la mer s'y prête, il suffit de jeter lignes et filets pour remplir les barques.
Des guetteurs, postés sur la falaise, en avant de l'estuaire, signalent le mouvement insolite de la marée bouillonnante.
Les saumons !
Au printemps, des milliers et des milliers de saumons remontent le fjord et les torrents qui s'y jettent pour frayer en eau douce. Saumons miraculeux, dons de Njörd et Freyr, dieux de l'abondance ! Les longs poissons aux reflets bleus s'obstinent à franchir les obstacles naturels ou les barrages perfides des hommes.
Les pêcheurs halent les lourds filets sur la grève. Ils ne sentent pas leur fatigue. Une sorte de transe collective les habite. En ces moments de bonne fortune, ils communiquent avec les dieux.

Aux femmes revient le soin ingrat de vider et de fumer le poisson. Les hommes, eux, sont fatigués par leur pêche. Les servantes s'acquittent de ces taches jugées mineures. A tour de bras, épaules endolories et nuques brisées, elles tranchent les têtes et raclent les intestins.
Elles allument les feux de bois vert qui dégagent une fumée épaisse. La chair des poissons, exposés sur des claies, s'imprègne de l'odeur âcre du **saur.** Ces femmes, habituées aux durs travaux, n'épargnent ni leur sueur ni leur peine. Une équipe empile les poissons fumés, que l'on entasse par couches dans les réserves.
L'usage du fumoir simplifie l'opération. Dans une pièce close, aux parois en pierre, le poisson baigne pendant des jours dans la fumée poisseuse qui monte des feux soigneusement étalés.
Les servantes travaillent. Les maîtresses jugent de la qualité du labeur. Les hommes jouent aux échecs. Il faut de tout pour faire un monde !

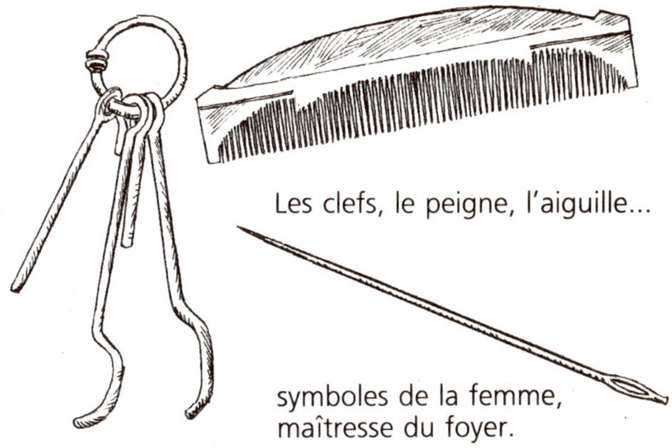

Les clefs, le peigne, l'aiguille... symboles de la femme, maîtresse du foyer.

Les travaux et les jours

Pour ces Groenlandais, le poisson, frais, séché ou fumé, constitue la base de l'alimentation. Mais, comme chez tout Viking on trouve des racines paysannes fortes, certains plats conservent leurs vertus. La bouillie d'orge, nourriture traditionnelle, demeure à l'honneur. Les laitages et les fromages sont estimés. Cependant, ces rudes natures apprécient par-dessus tout les bons quartiers de viande rôtie, grillée sur la braise, et les énormes bouillis mijotés dans les chaudrons au coin du feu.
A terre maigre, légume chiche, dit un proverbe. Les potagers de Brattahlid ne sont pas plus généreux que ceux d'Islande et de Norvège. Les pois et surtout le robuste chou sont les légumes les plus courants. Le Viking n'en fait pas grand cas.

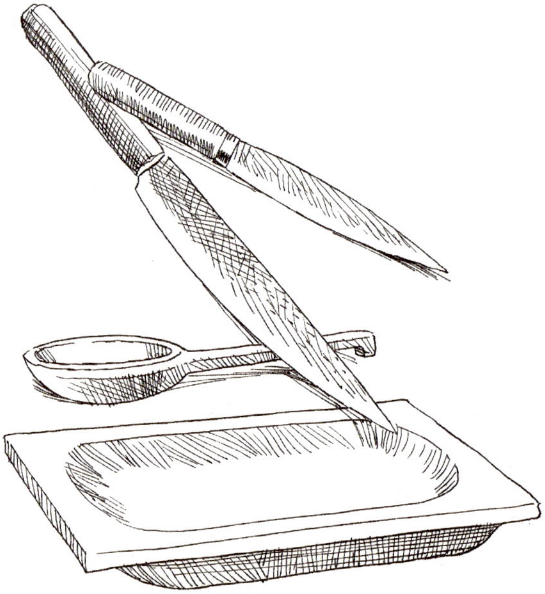

Les couverts sont vite mis en place. Hormis le chaudron et quelques écuelles, on ne s'encombre pas de vaisselle. Chaque convive dispose d'une cuillère et d'un couteau. On puise et pique dans le chaudron commun. Les femmes, maîtresses des cuisines, ne s'embarrassent donc pas de lavage et de récurage. Leurs journées, pourtant, se trouvent bien remplies. Elles habillent la maisonnée. Elles filent la laine, la fibre d'ortie, le lin, à la quenouille, sur le rouet à main. Elles foulent l'étoffe, qu'elles emploient écrue ou teinte avec des couleurs obtenues à partir de mousses, d'algues et de bruyères.

Elles tricotent et cousent. Elles utilisent avec adresse les aiguilles de bois et d'os et les ciseaux de fer ou de bronze.

Sous leurs doigts habiles prennent forme chemises, tuniques, blouses, culottes et manteaux.

Les femmes tannent aussi les peaux de bêtes sauvages et le cuir des cétacés. L'ours fournit les chaudes couvertures, et le cachalot la matière première pour confectionner des chaussures de qualité.

Autre lot des femmes dans l'économie domestique : les corvées de lessive et de broyage du grain. Et elles doivent encore moissonner et faner, traire les vaches et les chèvres, s'occuper de la basse-cour, de la bergerie et des enfants...

Le fjord et les pentes

Le bois est plus précieux que l'or et l'argent. Les établissements du Groenland manquent de ces grands arbres dont on fait les navires. Pourtant, il faut bien en construire, ou en réparer.

De tout temps, là où il plante sa tente, le Viking se fait bûcheron s'il a l'intention de rester sur place. Le travail du bois n'a pas de secret pour lui. Il manie la hache, l'herminette, le ciseau et le foret avec adresse. Des poutres de charpente à l'escabeau, des piliers sculptés au modeste baquet, du traîneau au soc de l'araire, le Viking exécute toute sa menuiserie, lourde et légère.

Autour de Brattahlid, croissent difficilement des bois de bouleaux, que malmène le vent de l'Atlantique. Piètre matériau pour des constructeurs. Le bouleau sert au chauffage. Alors, dans les embouchures des fjords, sur les grèves des îles, les colons recherchent les bois flottés, abandonnés par les courants marins au gré des marées.

Tout en gardant les vaches et les chèvres sur les pentes herbeuses, plus d'un colon s'interroge sans doute sur la provenance de ces troncs imprégnés de sel, polis comme de l'os. Ils atteignent souvent des longueurs et des diamètres respectables. Sur quelle terre ces épaves furent-elles des arbres feuillus ? Y a-t-il, dans le sud ou dans l'ouest, d'autres rivages ? Voilà une cruelle énigme. Mais ces troncs rejetés par la mer entretiennent aussi les rêves... Après avoir discuté sur l'incertitude des choses, les bergers reviennent à leurs moutons. Des brebis vont mettre bas. Les poulains, que le printemps rend gais, sèment la pagaille chez les chèvres. Les vaches, énervées par les meuglements du taureau, enfermé dans son enclos, piquent des galops dans tous les sens. Deux étalons s'affrontent, cherchant l'un et l'autre la méchante morsure.
Les gardiens pestent et jurent, mais l'entretien du troupeau est affaire trop importante pour qu'on n'y apporte pas toute son attention. Erik-le-Rouge ne supporte pas, dans ce domaine, la moindre défaillance. Ce troupeau qui prospère d'année en année porte le témoignage de sa réussite.

Les grandes chasses

Tête d'homme en ivoire de morse, découverte à Sandnes (Westbygd).

La chasse au morse apporte un complément sérieux à l'ordinaire de bouillie et de poisson.
Les hommes pratiquent cette chasse comme un sport, qui réclame agilité, vitesse, force et détermination, œil aigu et poignet solide. Le coup porté doit être précis et infaillible. Le morse blessé se révèle dangereux, pouvant écraser son assaillant sous le poids de sa masse.
Outre sa chair, le morse donne sa graisse pour l'huile, ses défenses dont le grain rappelle celui de l'ivoire, et une peau souple qui, coupée en lanières, fournit des filins de navires et des amarres de première qualité.

Les Groenlandais n'hésitent pas non plus à s'attaquer à la baleine. Chasse dangereuse s'il en est ! Plus d'un audacieux parti sur sa barque plein d'espoir et d'ardeur ne revint jamais dans l'Erikfjord. Harponner une baleine est une science.
Baleines franches ou cachalots broient comme un fétu une embarcation et le conseil contenu dans le fameux texte du *Miroir du Roi* ne paraît juste qu'à moitié : « La baleine a tendance à éviter le pêcheur. »
Cette montagne de viande et de graisse représente un tel cadeau des dieux que tous les risques valent d'être pris. Et quelle gloire pour le harponneur heureux ! Un couplet de poème rendra son nom et son courage immortels...

Dans le silence des neiges

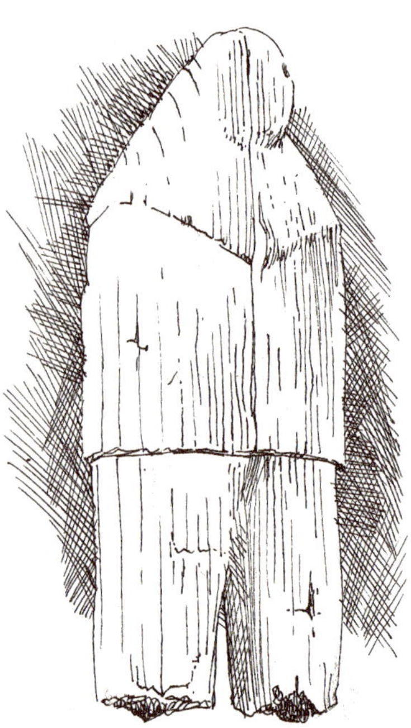

Type de Groenlandais blanc
(sculpture sur bois)

Aussi rare que la baleine, et aussi redoutable, l'ours blanc. On le chasse sur terre en suivant sa piste jusqu'à son aire, ou sur mer, quand il dérive sur un bloc de glace.

Les périls sont extrêmes. L'ours polaire se montre rusé, vindicatif, terriblement agressif. Blessé, il devient enragé. D'un coup de griffe, il vous arrache un bras ou vous fend en deux comme une baguette de sureau. Mais le tueur d'ours acquiert une renommée au moins égale à celle du harponneur. Les sagas célèbrent les prouesses d'un Olaf ou d'un Thorgrimm, vainqueur du féroce animal et qui, par ce coup d'éclat, mérite le surnom de *Biorn* (l'ours). Et quel festin à la clé ! Les odeurs des rôtis et des jambons montent vers le ciel, chatouillant agréablement les narines des dieux du **Valhöll.** Plutôt mesquines, les divinités jalousent les ripailles des chasseurs. Tant pis ! Thorgrimm-l'Ours ou Olaf-l'Ours ont gagné l'honneur et le droit de s'asseoir au haut bout de la table.

Au Groenland, vivent d'autres remarquables chasseurs, des indigènes ceux-ci. Peut-être entre eux s'appellent-ils déjà des Inuits. Les Vikings les désignent sous le nom de *Skraellings*, qu'ils donnent à tout étranger. Les rencontres furent certainement rares. Les Inuits, nomades, peu nombreux, groupés en clans, vivent de chasse et de pêche. Du haut des collines enneigées, ils surveillent le village et ces hommes d'ailleurs, qui élèvent d'étranges animaux et habitent d'immenses **igloos** de pierre et de terre. Sans doute montrent-ils plus de curiosité et de crainte que de sentiments belliqueux, car les textes vikings ne font pas état d'affrontements.

Type d'Inuit (Eskimo) du Groenland

Des divertissements utiles

La culture et l'élevage, la chasse et la pêche laissent aux colons de Brattahlid des temps libres qu'ils comblent agréablement. Ces hommes de plein air s'emploient à des activités de plein air, joignant l'utile à l'agréable. Ainsi en est-il de la chasse au faucon, qui a toujours été un divertissement très prisé dans les pays du Nord.
Le faucon d'Islande, blanc de neige avec une tache noire au bout de chaque plume, est un attaquant rapide et intraitable. Lors des migrations des canards et des oies sauvages, les Vikings lancent leurs oiseaux de proie sur les animaux en vol. Les appels des chasseurs font écho aux « kraekk » des faucons et aux cris affolés des migrateurs.
Les hommes explosent de joie et célèbrent à l'envi les exploits de leurs rapaces champions. Les enfants hurlent, saluant chaque victoire. Les chiens aboient, avides de curée...
Ce soir, le fumet des ragoûts embaumera la longue-maison d'Erik.

Aussi enivrante est la traque du renne. En hiver, les hardes quittent les plateaux balayés de vent, où la nourriture se fait rare. Les rennes s'aventurent dans les vallées mieux abritées, en quête de mousses et de lichens.

Les chasseurs encerclent la troupe et font pleuvoir une nuée de flèches. Ici, les bons tireurs sont rois. Depuis l'enfance, le Viking s'exerce au tir à l'arc. Des défis incessants aiguisent le coup d'œil des champions. Lancé sur ses skis, un certain Egil se fait fort d'abattre un écureuil d'une flèche dans l'œil. Egil parie... et gagne. La saga exagère peut-être un peu. Il n'en demeure pas moins que les Vikings sont d'excellents archers. Et qu'il est de toute évidence plus facile de faire mouche sur un renne que sur un écureuil...

Le renne ne constitue pas seulement une viande de choix, agréable au palais. Capturé vivant, puis apprivoisé, on l'utilise aussi comme bête domestique et animal de trait. Dans ce cas, les hommes mettent en place des pièges ou se munissent de filets. Ils poussent la harde dans un cul-de-sac ou un enclos. Attaché à un traîneau, le renne vigoureux fait merveille. Pourquoi s'en priver ?

Les routes de la mer

Entre l'Islande et le Groenland, les échanges se développent. La route de l'Ouest, ouverte par Erik, devient, les années passant, une voie fréquentée. De nouveaux colons s'installent dans les établissements d'Eastbygd et de Westbygd. Chaque printemps apporte son contingent d'Islandais. Toujours des bannis, des révoltés, bien sûr, mais plus souvent des gens qui éprouvent le besoin de changer d'air. Les haf-skips de Brattahlid croisent les bateaux ronds des émigrants. Les entrepôts d'Erikfjord regorgent de produits destinés à l'exportation : défenses de morse, pointes d'espadon et de narval, barils de poissons fumés, cordages en cuir, couverture en duvet d'eider, et précieuses fourrures qui vont de la peau d'ours géant à la robe de martre et au pelage de renard bleu.

L'Islande, située entre la Norvège et le Groenland, trouve dans cette colonie de l'Ouest un excellent débouché pour ses excédents de production. Le blé, l'orge, le bois de Norvège, qui transitent sur son sol, partent pour les établissements d'Erik.
Les forgerons islandais battent et trempent le fer pour les colons de Brattahlid : épées, pointes de lances, lames de couteaux et de scies, fers de haches et de marteaux, pièces de charrues et ferrures de portes. Les marchands savent par expérience qu'au Groenland comme partout, les femmes sont sensibles à l'attrait des belles étoffes et à la beauté des bijoux. Pour Gudrid et Sigrid, lointaines Groenlandaises, ils font tisser des coupons de tissu en lin et laine fine, façonner des récipients en métal, ciseler des colliers, des bracelets, des pendentifs.
Ainsi, grâce aux femmes, quelques éléments de luxe pénètrent la rude communauté du Groenland.

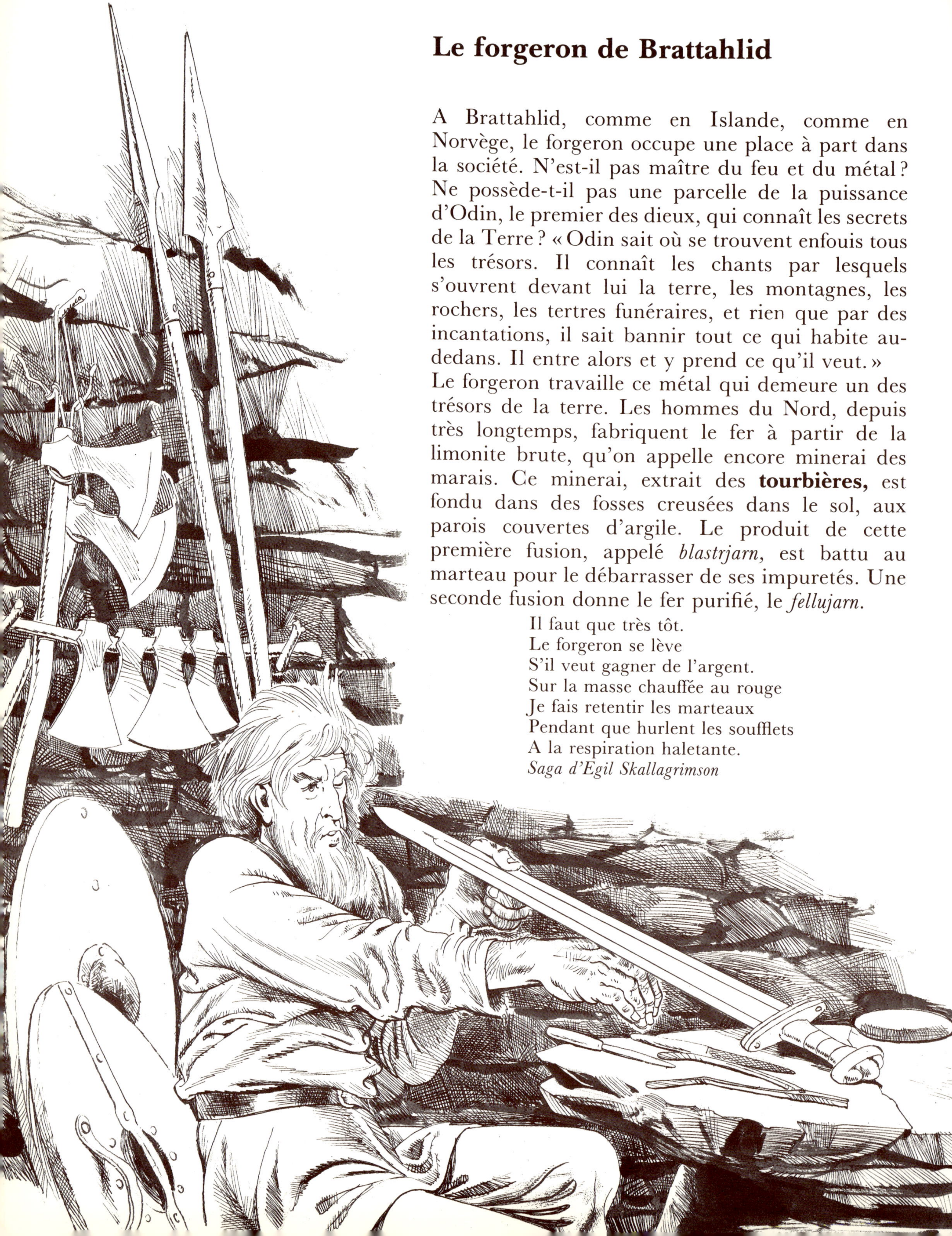

Le forgeron de Brattahlid

A Brattahlid, comme en Islande, comme en Norvège, le forgeron occupe une place à part dans la société. N'est-il pas maître du feu et du métal ? Ne possède-t-il pas une parcelle de la puissance d'Odin, le premier des dieux, qui connaît les secrets de la Terre ? « Odin sait où se trouvent enfouis tous les trésors. Il connaît les chants par lesquels s'ouvrent devant lui la terre, les montagnes, les rochers, les tertres funéraires, et rien que par des incantations, il sait bannir tout ce qui habite au-dedans. Il entre alors et y prend ce qu'il veut. »

Le forgeron travaille ce métal qui demeure un des trésors de la terre. Les hommes du Nord, depuis très longtemps, fabriquent le fer à partir de la limonite brute, qu'on appelle encore minerai des marais. Ce minerai, extrait des **tourbières,** est fondu dans des fosses creusées dans le sol, aux parois couvertes d'argile. Le produit de cette première fusion, appelé *blastrjarn,* est battu au marteau pour le débarrasser de ses impuretés. Une seconde fusion donne le fer purifié, le *fellujarn.*

Il faut que très tôt.
Le forgeron se lève
S'il veut gagner de l'argent.
Sur la masse chauffée au rouge
Je fais retentir les marteaux
Pendant que hurlent les soufflets
A la respiration haletante.
Saga d'Egil Skallagrimson

Le feu de la forge rougeoie. Le compagnon laisse la garde des braises à l'apprenti. Il abandonne la masse et l'enclume aux bords aplatis par les coups. Il rejoint Erik et les Anciens dans la pièce de la longue-maison appelée *skali,* la pièce à parler. Et en effet, Erik, debout, prend la parole. La production de la forge en armes, en fers de houe, de pelle et de pioche, en clous, en ferrures de toutes sortes, couvre à présent les besoins de Brattahlid. On peut donc se libérer des marchands islandais, ces profiteurs qui vendent au prix fort.
Le forgeron acquiesce. Il a formé des compagnons solides qui dirigent maintenant les établissements de Gardar, d'Heriulfnes et de Westbygd. Il y aura bientôt dans ces dépendances des armes et des outils en suffisance.
Et il retourne à son enclume. A nouveau, le chant du marteau va scander les travaux et les heures.

Les jeux et les sports

Les Vikings se divertissent comme ils travaillent, en se donnant à fond, jusqu'à épuisement. Comme si le climat rude exigeait l'échauffement du sang. A Brattahlid, le combat des chevaux demeure à l'honneur. Conduits par leurs propriétaires, deux étalons énervés par la présence d'une jument s'affrontent avec fureur. Morsures. Ruades. Toutes les attaques sont permises. Les maîtres excitent les champions et attisent à coups de lanière ou de baguette leur humeur belliqueuse.

Il arrive qu'une ruade atteigne l'un des hommes ou qu'une morsure lui broie l'épaule. Loin d'horrifier la nombreuse assistance, cet événement provoque au contraire des cascades de rires et des gerbes de fines plaisanteries.

L'honneur du propriétaire témoigne des qualités de combattant de l'étalon et la défaite d'un champion apparaît comme la débâcle minable de son maître.

Sans couronne ni médailles, les compagnons d'Erik pratiquent le sport pour la beauté du geste. Les tournois de *knattleikr* attirent des équipes avides d'en découdre. Les joueurs, répartis en deux camps, se disputent une balle en bois dur à l'aide de battes (*knat-tré)*. Ces empoignades ne vont pas sans dommage, comme le souligne la saga de Gongu Hrolf : « A la nuit, trois hommes ont le bras cassé et nombre d'autres sont touchés et meurtris. Le **Jarl** pense qu'il leur faut plusieurs jours pour s'en remettre. » En été, voici les jeux de force, luttes, courses de fond, lancement du poids... et dispute du drap. Ici, chaque joueur, placé de part et d'autre d'un foyer, s'évertue à étaler l'adversaire dans le lit de braises. En hiver, on skie, on organise sur les lacs gelés des parties de *sopplíekr*. Ce jeu sauvage, aux règles élastiques, tient à la fois du jeu de crosse et du patinage de vitesse.

Les dieux du Valhöll

Ils adorent Odin, Thor, Freyr et bien d'autres dieux secondaires, jusqu'aux esprits des bois, des fontaines et des champs. Ils leur sacrifient une chèvre, un coq, un mouton, plus rarement un bœuf ou un cheval. Odin, maître des dieux, chevauche Sleipnir, l'étalon aux huit jambes. Dieu de la magie, de la poésie et de la sagesse, il tient sa réputation du pouvoir de sa pensée, de sa connaissance des runes, plus que de sa force guerrière. Il a subi des épreuves pour accéder au monde de la Connaissance. Il le rappelle dans le poème de l'**Edda.**

« Nul ne me donna de pain — Nul ne me désaltéra — Tandis que je sondais du regard les profondeurs — Pour en arracher les runes — En rugissant — Et m'abattre ensuite défaillant — Heureusement je triomphai — Et remportai la sagesse. »

Odin et son cortège de dieux et de déesses habitent dans le ciel la somptueuse demeure du Valhöll, étincelante d'or.

Les dieux ripaillent et boivent l'**hydromel.** Odin préside au banquet. Deux corbeaux — Hugin, l'Esprit, et Munnin, la Mémoire —, perchés sur les montants de son siège, lui racontent les événements de la Terre. Sur la Terre, les Vikings se contentent de bière. Le temple, de proportions modestes, se réduit souvent à un entassement de pierres appelé *horgr* (autel). Les Vikings rendent grâce aux dieux pour leurs bienfaits, mais ils ne pratiquent guère. Deux grandes fêtes, cependant, marquent l'année. Celle du printemps, ou Sigrblot, célèbre le retour de la Nature à la vie. Celle d'hiver, ou Jolablot, se déroule vers la fin octobre et dure trois nuits. On rend hommage aux morts et on boit la bière forte dans le *Bragarfull*, la coupe des promesses. On sacrifie un bœuf, aussi, qui va bientôt rôtir sur les braises. Njord et Freyr, dieux de la richesse et de l'abondance, reçoivent pendant les fêtes du «Jol» des égards spéciaux. Les hommes espèrent ainsi obtenir en retour une grande prospérité.

De grands arbres dans l'Ouest

Dix années passent sur les établissements du Groenland. Les fils d'Erik atteignent l'âge d'homme, et sa fille, Freydis, née de la belle concubine Thorbjarga, soulève plus d'une passion autour de Brattahlid. Vaille que vaille, la colonie fait vivre deux ou trois milliers d'âmes. Entre l'Islande et la Terre Verte, les voyages des navires sont devenus de véritables passages de routine.
Une de ces années-là, un certain Biarni Heriulfson, dont le knorr trafique entre l'Islande, la Norvège et le Danemark, met justement le cap sur le Groenland, où habite son père. Il connaît la route de l'Ouest. Mais la tempête le surprend, puis un brouillard épais à couper au couteau.
Le knorr avance dans cette purée de pois, à l'aveuglette. Au bout de trois jours, enfin, la lumière perce. Biarni s'étonne de ne pas apercevoir de côtes. Les hautes montagnes couvertes de neige qui bordent le rivage de la grande île se signalent de loin à l'attention des marins. Or, la mer s'étend toujours à l'infini autour du navire.
Biarni pousse malgré tout plus loin vers l'ouest. L'équipage s'inquiète...

Un matin, l'homme de veille repère sous le gris du ciel une côte boisée. Les fûts énormes des arbres serrés comme une forêt de lances montent vers les nuages. Leurs cimes moutonnent à perte de vue. Les marins demandent à Biarni de reconnaître cette terre bénie où le bois se trouve à profusion. Biarni refuse. Ce n'est pas le Groenland. Pourquoi aborder cette côte ? Biarni n'est pas curieux, dit la saga. Le vent tourne. Pendant quatre jours pleins, le knorr navigue nord-est.

« Les hommes aperçoivent des sommets enneigés, sur lesquels ils font cap. Le soir, Biarni aborde. Un bateau est amarré sous un cap et c'est sur ce cap qu'habite son père. »

Après ce voyage, Biarni Heriulfson abandonne la mer pour toujours. Mais cet hiver-là, au cours des veillées, on parle beaucoup. Les colons évoquent souvent entre eux la terre inconnue qu'un homme trop peu curieux a aperçu dans l'Ouest.

Jusqu'au bout de la mer

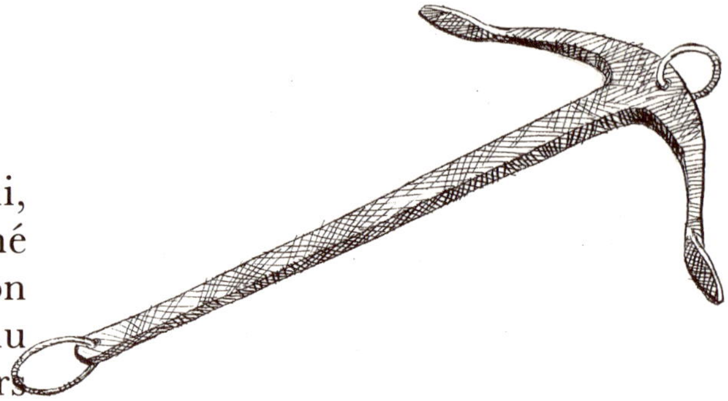

Leif, fils d'Erik, est d'une autre trempe que Biarni, le marchand. Il rentre de Norvège, où il a séjourné à la cour du roi Olaf et embrassé la religion chrétienne. Ce qui ne plaît guère à son père. Au printemps de l'an 1000, Leif décide de partir vers l'ouest, au bout de la mer. *Le Livre des Groenlandais* raconte. « Leif recrute un équipage qui s'élève à trente-cinq hommes. Il prie son père de bien vouloir, une fois encore, prendre la direction de l'expédition. Erik cherche plutôt à décliner cette offre, s'estimant trop avancé en âge.

« Il cède pourtant à l'invite de Leif et monte à cheval pour quitter sa demeure dès que les préparatifs sont terminés. Ils sont sur le point d'arriver au bateau quand la monture d'Erik trébuche. Erik tombe et se blesse au pied. Il déclare alors : Il ne me sera pas accordé la chance de découvrir d'autres pays que celui que nous habitons maintenant. Nous ne poursuivrons pas

ensemble ce voyage. Erik rentre chez lui, à Brattahlid. Leif s'embarque avec ses compagnons. Un Allemand est du voyage. Il se nomme Tyrkir. »
La suite est aussi précise qu'un livre de bord.
« Ils prirent le large et ils rencontrent la première terre, dans l'Ouest. Ils se dirigent alors vers le rivage, jettent l'ancre, mettent une embarcation à la mer. Ils abordent et ne voient d'herbe nulle part. Là-haut, à l'intérieur du pays, s'étendent de grands glaciers, et des glaciers à la mer, tout semble ne former qu'une seule pierre plate. Il leur paraît que cette terre est infertile. Leif dit alors : Nous n'avons pas fait comme Biarni puisque nous avons débarqué. Je donne à ce pays le nom de Helluland — le pays de Pierres plates.
« Après cela, ils mettent le cap au large et ils découvrent une seconde terre. Ils débarquent. C'est un pays plat et boisé.
« Leif dit : c'est d'après la qualité de ses terres que je choisis un nom pour ce pays. Je l'appelle Markland — la Terre des Forêts. »

La bonne terre des vignes

« Ils restent deux jours et deux nuits avant de voir à nouveau la terre. Ils mettent le cap vers le rivage et ils rencontrent une île située au nord de la terre ferme. Ils y débarquent et regardent autour d'eux. Le temps est beau et l'herbe couverte de rosée. Ils s'avisent par hasard de passer les mains sur cette rosée et de la porter à leur bouche. Il leur semble n'avoir jamais rien goûté d'aussi doux.

« Ensuite, ils pénètrent dans le détroit qui s'ouvre entre l'île et la pointe que forme la terre ferme au nord. Cap à l'ouest, ils doublent la pointe. Ils courent vers la terre à l'endroit où une rivière se jette dans la mer après avoir traversé un lac. Ils descendent à terre leurs couvertures et montent des baraquements. Ils prennent ensuite la décision de faire leurs préparatifs pour passer là le prochain hiver. Les saumons ne manquent pas, ni dans la rivière ni dans le lac, et ils sont plus gros que ceux qu'ils ont vus jusque-là. »

Le Markland est riche. Il n'y gèle pas et les fourrages, en hiver, restent drus. Mais Leif et ses compagnons ne sont pas au bout de leurs découvertes. « Il advient qu'un soir, un homme manque à la troupe. C'est Tyrkir, l'Allemand. Leif se prépare à partir à sa recherche, car Tyrkir veilla sur son enfance, quand l'Allemand arrive à sa rencontre. Leif remarque qu'il est de joyeuse humeur. C'est un homme au front proéminent, au regard mobile, insignifiant d'apparence, de taille médiocre et de stature chétive, mais très habile à tous les travaux manuels. Leif lui dit : Pourquoi as-tu tardé si longtemps, père nourricier, et pourquoi t'es-tu séparé de tes compagnons ? Au bout de quelque temps, Tyrkir dit en **norrois :** Je peux vous annoncer une nouvelle. J'ai trouvé des vignes et des raisins. Est-ce vrai, père ?, dit Leif. Tyrkir réplique : A coup sûr, c'est la vérité, car au pays où je suis né, les vignes ne manquent guère.
« Leif appelle ce pays Vinland, la Terre du Vin ».

Leif l'Heureux

« Le lendemain, Leif dit à ses hommes : Je vous propose deux tâches. Nous vendangerons, nous couperons les sarments et nous abattrons des arbres pour constituer une cargaison au navire. La décision est prise. Le printemps venu, ils font leurs préparatifs de départ et mettent à la voile. Ils font cap au large par vent favorable jusqu'à ce qu'ils aperçoivent le Groenland et ses montagnes couronnées de glaciers. Leif sauva quinze hommes échoués sur un récif. Par la suite, il gagne le surnom de Leif l'Heureux et parvient à la richesse. »

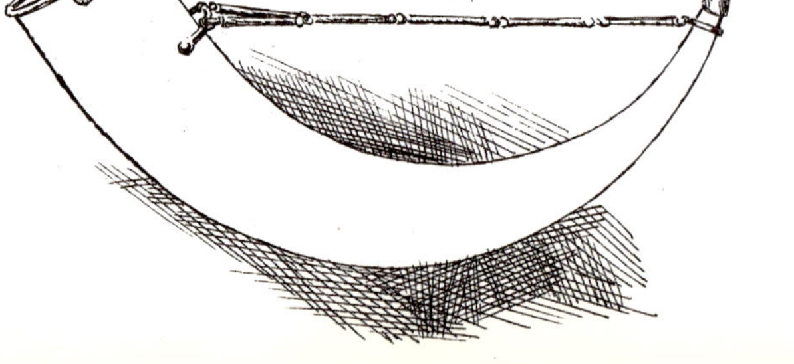

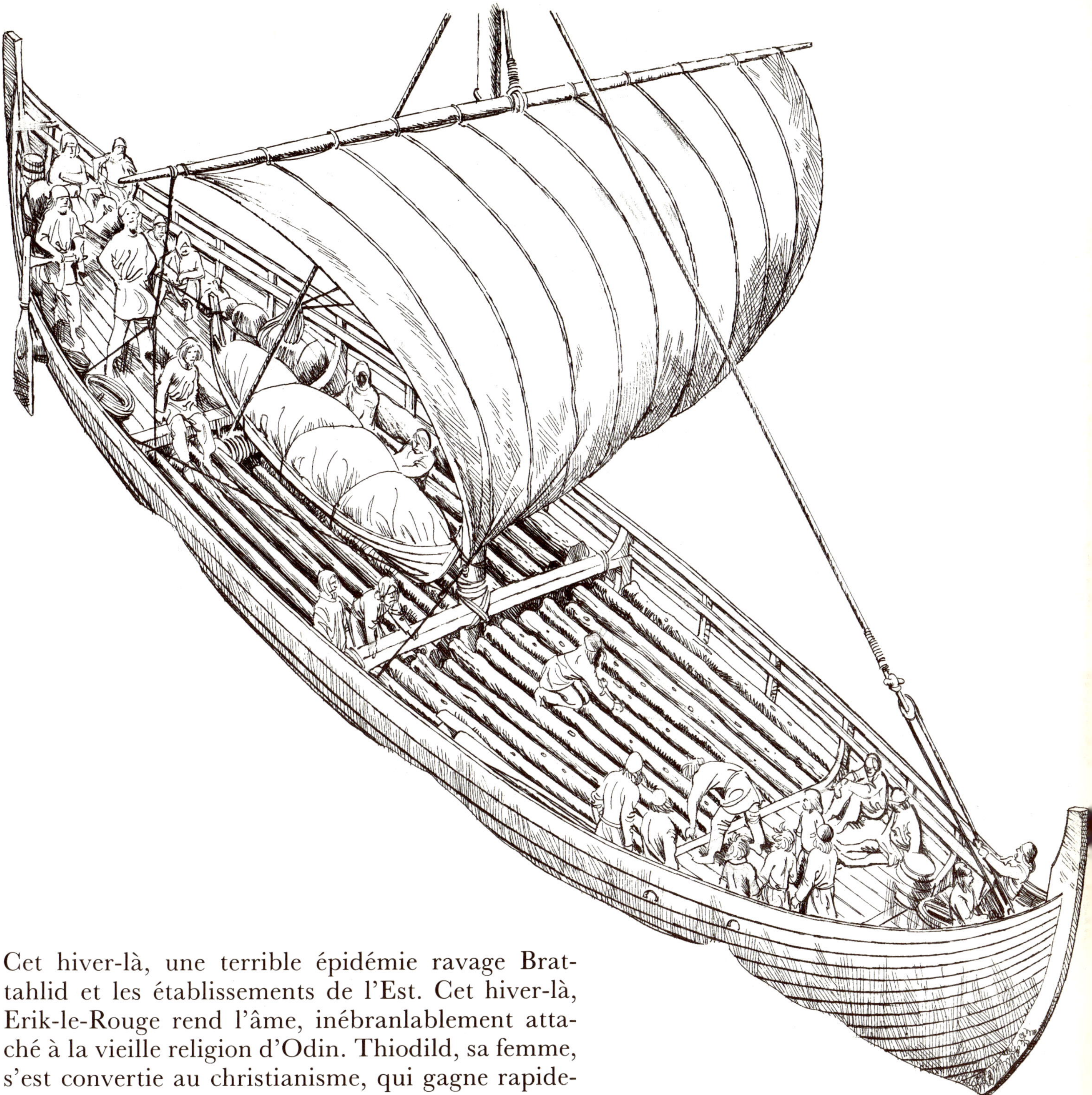

Cet hiver-là, une terrible épidémie ravage Brattahlid et les établissements de l'Est. Cet hiver-là, Erik-le-Rouge rend l'âme, inébranlablement attaché à la vieille religion d'Odin. Thiodild, sa femme, s'est convertie au christianisme, qui gagne rapidement du terrain.

« On parle beaucoup du voyage de Leif au Vinland. Thorvald, son frère, estime qu'il n'a pas assez exploré le pays. Leif lui dit : Pars donc, mon frère, sur mon navire, puisque tu le souhaites.

« Thorvald se prépare à cette expédition, aidé par trente hommes et conseillé par Leif. Thorvald et ses hommes d'équipage touchent le Vinland près des huttes de Leif. Ils hivernent là, se nourrissant du produit de leur pêche. Et au printemps, Thorvald et quelques compagnons partent plus loin, vers l'ouest, le long des côtes. »

Les Skraellings du Nouveau Monde

Grâce au *Livre des Groenlandais,* nous suivons toujours les grandes étapes de ce voyage de découverte. « Ils pénètrent dans le premier fjord qui se présente devant eux et touchent une pointe. Elle est entièrement boisée. Ils mettent le bateau au mouillage en cet endroit et Thorvald descend à terre avec ses compagnons. Il dit : Ce pays est beau et c'est ici que j'aimerais construire ma ferme. Ils remontent à bord et aperçoivent sur le rivage, au-delà de la pointe, vers l'intérieur des terres, trois monticules. Ils s'en approchent et voient trois kayaks et trois hommes sous chacun d'eux. Ils mettent la main sur tous ces hommes, à l'exception d'un seul qui s'échappe sur son canot. Ils tuent les huit autres. »
Les Vikings viennent de rencontrer les indigènes du Nouveau Monde... et le sang a coulé.

Le rescapé du massacre alerte sans doute ses congénères, car la riposte ne se fait pas attendre. « De l'intérieur du fjord, des pirogues innombrables arrivent et les attaquent. Thorvald dit alors : Dressons un rempart de bois autour du navire et défendons-nous de notre mieux, mais évitons d'attaquer. C'est ce qu'ils font. Les Skraellings tirent sur eux pendant quelque temps puis s'enfuient.

« Il n'y a pas de blessés parmi les hommes d'équipage. Thorvald dit : J'ai reçu une blessure dans l'aisselle. La flèche est passée entre le plat-bord et mon bouclier. Voici la flèche et je crois qu'elle sera la cause de ma mort. Je vous conseille de reprendre le chemin du retour aussi vite que possible. Vous allez me porter sur cette pointe où je voulais bâtir ma ferme. C'était sans doute la vérité qui sortait de ma bouche quand je disais que j'y habiterais quelque jour. Enterrez-moi là, plantez une croix au-dessus de ma tête et une autre à mes pieds. Je veux que cette pointe porte toujours le nom de pointe de Crossness... »

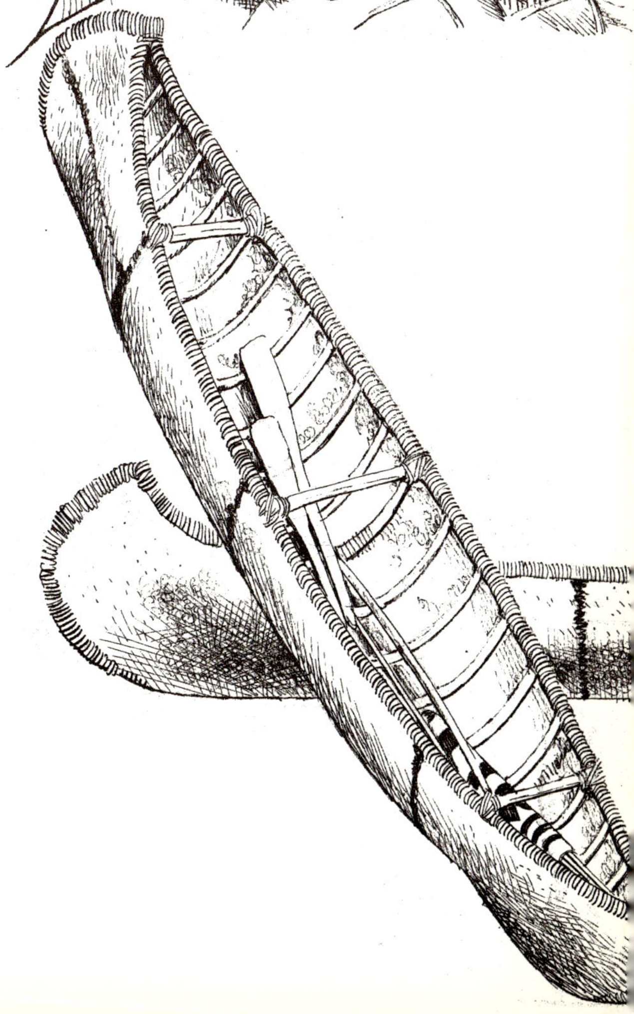

Le temps des trafiquants

Dans l'automne de 1006, arrive à Brattahlid Thorfinn Karlsefni. Puissant et riche, il appartient à une illustre famille d'Islande. Ce marchand fastueux tombe amoureux de Gudrida, veuve de Thorstein, troisième fils d'Erik, mort du **haut-mal.** Il l'épouse avec la bénédiction de Leif et part en 1007 pour le Vinland avec trois navires et cent soixante personnes. Thorfinn touche le Helluland, le Markland et les plages blanches du Furdustrandir (les Merveilleux Rivages). Puis il engage ses navires dans une baie profonde, baptisée Straumfjord (baie des Courants). Il souhaite coloniser le pays. Il rencontre des indigènes et échange avec eux, contre des bandeaux d'étoffe rouge, des peaux de renards, de loutres, de **petit-gris.** *Le Livre des Groenlandais* raconte :
« Une troupe d'hommes sort de la forêt. Le bétail de Karlsefni se trouve dans le voisinage. Le taureau

meugle si fort que les Skraellings, pris de peur, se sauvent en emportant leur chargement de petit-gris, de zibelines et d'autres fourrures. Ils veulent pénétrer dans les bâtiments, mais Karlsfeni fait barricader les portes. Les Skraellings déposent alors leurs ballots de marchandises, les ouvrent et offrent les peaux. Ils souhaitent avoir des armes en échange, mais Karlsfeni interdit qu'on leur en vende. Il s'avise alors d'un expédient. Il demande aux femmes d'apporter du lait. Dès que les Skraellings voient ce lait, ils ne veulent rien d'autre. Les Skraellings rapportent ainsi dans leurs ventres la marchandise qu'ils avaient acquise par le troc, tandis que Karlsfeni et ses hommes gardent les ballots de fourrures. » Des escarmouches puis des combats ont lieu entre Vikings et Skraellings. Gudrida, femme de Thorfinn, donne le jour à un garçon : Snorri. Snorri Thorfinson, premier-né des Vikings au Vinland.

Au terme du troisième hiver, devant l'insistance de ses compagnons qui éprouvent le mal du pays, Thorfinn Karlsefni se décide au départ.

« Les bateaux mettent le cap vers la haute mer et arrivent sains et saufs à Erikfjord. Thorfinn et les siens hivernent à Brattahlid. »

La croix du Christ et le marteau de Thor

Leif est devenu chrétien. Sa mère aussi. Erik, lui, résiste. La saga d'Erik-le-Rouge en témoigne. « Erik accueille froidement cette invitation à abandonner sa religion, mais Thiodild se soumet rapidement et fait construire une église à quelque distance de la ferme. Elle y prie avec les gens qui ont, comme elle, embrassé le christianisme. Elle ne veut plus avoir de rapports avec Erik. »
Après la mort d'Erik, le christianisme triomphe à Brattahlid. La croix du Christ enterre le marteau de Thor.

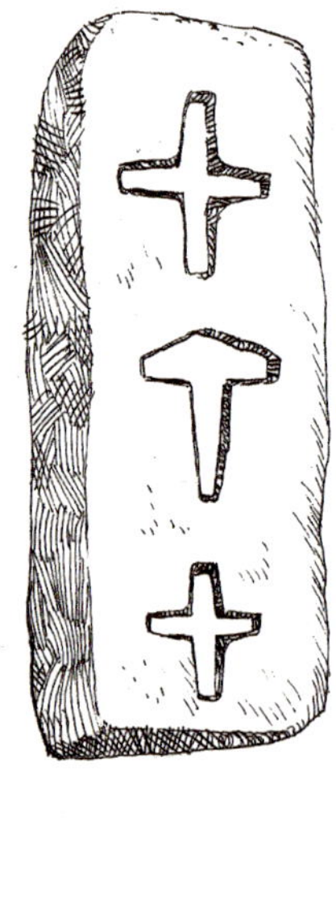

Moule de stéatite. On y coule en même temps deux croix et le marteau de Thor

On ne sait rien de la fin de Brattahlid, ni des établissements du Groenland. Seuls restent les fondations de la longue-maison et de l'église de Thiodild, et les squelettes exhumés du cimetière. Le dernier document groenlandais connu date de 1408. Paal Halvardson, curé de Hvalso, unit dans son église Thorstein Olafson et Sigrid Biornsdatter. Un siècle plus tard, Davis et Hudson, « découvreurs » du Groenland, débarquent sur une terre déserte où nomadisent des Eskimos.

Les Groenlandais blancs ont disparu. Brattahlid n'est plus qu'une ruine. Un jour du XVe siècle, peut-être, une flotte de bateaux ronds a quitté Erikfjord ou Hériulfnes pour suivre le soleil dans sa course, cinglant vers les vertes prairies et les forêts giboyeuses du Vinland. Peut-être ou sans doute ?...

Lexique

Atterrage : parage voisin de la terre. Excellents marins, les Vikings notaient avec soin les points remarquables des côtes. Ainsi, des récits rappellent au timonier : « Tu arriveras à la haute terre du Groenland qui a nom Hvarf. Le jour précédent, tu auras aperçu une autre montagne élevée que l'on appelle Heriulfnes. »

Bonace : état de la mer pendant un calme plat. Par bonace, les avirons suppléaient à la voile pendante, inutilisable faute de vent.

Clins (à) : forme de construction d'un navire dans laquelle les bordés de la coque se recouvrent l'un l'autre, comme les ardoises d'une toiture. Les bords des planches sont biseautés pour permettre l'assemblage à clins, planche sur planche.

Drakkar, knorr, haf-skip, haupskip : du rapide navire de combat au lourd bateau à hauts-bords de l'océan, ce sont là tous les spécimens de la flotte des Vikings. Drakkar est le terme général des navires de course. Suivant la taille, on les désignait plus particulièrement sous les noms de *skutta,* de *snekkia,* de *skeid.* Le haf-skip et le kauskip sont les navires ronds de traversée.
Le navire de Gokstad, le plus grand et le mieux conservé des bâtiments vikings retrouvés et restaurés, mesure 23,33 m de long et 5,25 m dans sa plus grande largeur. Sa hauteur de la quille au plat-bord est de 1,95 m. Il devait avoir un équipage de 60 hommes.

Edda : il y a deux Eddas, qui sont des recueils d'œuvres héroïco-mythiques ou historiques ou littéraires : l'Edda poétique et l'Edda en prose. La première est attribuée à Sigmund Sigfusson, la seconde à Snorri Turlusson.

Étambot : pièce de bois formant la partie arrière de la carène d'un navire. L'étambot, dans les navires ultérieurs, supporte le gouvernail. Sur le navire viking, le gouvernail est placé sur le côté.

Fjord : profond estuaire d'une ancienne vallée glaciaire envahie par la mer. Les grands fjords se trouvent sur les côtes de l'Atlantique Nord, aussi bien en Norvège qu'au Groenland ou au Labrador. On peut dire qu'aux temps vikings, chaque fjord abrita son nid de pirates. Où trouver plus merveilleux refuge que dans ces estuaires échancrés et ramifiés, qui s'étendent sur des kilomètres ?

Haut-mal : sans doute une épidémie de peste. La saga dit : « Il advint qu'au début de l'hiver, une épidémie sévit dans la ferme de Thorstein. L'intendant s'appelait Gardar. C'était un homme qu'on n'aimait guère. Le premier, il fut atteint par la maladie et il en mourut. » L'épidémie toucha surtout les établissements de l'Ouest.

Hiverner : séjourner dans un endroit pendant l'hiver. Celui-ci était long en Islande et au Groenland. La neige et la glace suspendaient nombre d'activités. Enfermés dans la longue-maison, les hommes tuaient le temps comme ils pouvaient. A Brattahlid, les jeux et les récits étaient à l'honneur. Voici ce que dit la *Saga de Thorfinn Karlsefni :* « Il y avait là beaucoup de jeux d'échecs et de récits de sagas propres à égayer les foyers. »

Hydromel : boisson généralement fermentée, faite d'eau et de miel. Les Vikings lui attribuaient une origine divine et lui donnaient une place d'honneur sur la table des dieux. A l'occasion, ils en usaient eux-mêmes largement. « Egil but longtemps à pleines gorgées, et lorsque ses compagnons furent impuissants à continuer, il but à leur place ce qu'ils ne savaient plus boire. » (*Saga d'Egil*).

Igloo : habitation de blocs de neige ou de terre construite par les Eskimos.

Jarl : Il n'y avait pas à proprement parler de noblesse viking, même si du mot « jarl », les Anglais ont fait le mot « earl », que nous traduisons par « comte ». Les rois scandinaves furent avant tout des chefs de guerre. Les chefs devaient être acceptés par les grandes familles, mais uniquement sur la base des mérites. Des chefs tels Ragnar, Hastings, Hrolf commandèrent des flottes d'invasion et de pillage et portèrent le titre de jarl. Ils furent des jarls de la mer.

Jol (ou Jolablot) : fête traditionnelle d'hiver qui durait trois jours et trois nuits. Cornes à boire en main, les Vikings portent des toasts à leurs morts et appellent le dieu de l'abondance, Freyr, à étendre sur eux ses bienfaits. Quand la prospérité régnait, les fêtes du Jol étaient prétexte à festins, récits et beuveries...

Landnamabok : ou Livre des établissements. C'est la liste des propriétés en Islande, avec les noms des chefs de famille depuis 930. Le texte date de 1130. Il est l'œuvre d'un moine islandais, Arni Thorgillsson, le Savant. Il fut le premier auteur qui parla du Vinland dans ses œuvres.

Mille (ou mille marin) : mesure de longueur, utilisée dans la marine, dont la valeur est fixée à 1 852 m.

Norrois : langue norroise, civilisation norroise, etc. Tout ce qui se rattache au monde ancien scandinave.

Petit-gris : variété d'écureuil dont le pelage d'hiver, gris argenté, était très apprécié en pelleterie. Ces fourrures étaient recherchées par les marchands scandinaves et de l'Europe occidentale.

Pied : mesure de longueur valant 33 cm.

Plat-bord : partie supérieure de la coque d'un navire. Sur le drakkar viking, les boucliers étaient suspendus à l'extérieur du plat-bord et arrimés par des lanières passant dans leurs poignées. Celles-ci étaient fixées à l'intérieur sur une barre de bois. Le navire de Gokstad portait ainsi à tribord et à bâbord trente boucliers suspendus en ligne.

Poutres sacrées (piliers sacrés) : poteaux en bois sacrés, souvent gravés de runes, qui appartenaient au chef de famille dans la longue-maison. Quand un propriétaire déménageait, il emportait avec lui les piliers. Et s'il partait sur la mer vers une terre nouvelle, il jetait les piliers en vue des côtes et débarquait là où les courants les avaient poussés. Il s'agissait d'un signe des dieux protecteurs. Il pouvait donc installer là sa nouvelle demeure.

Rune : ce mot signifie secret, mystère. Les runes sont des inscriptions gravées dans le bois et surtout la pierre. Les plus anciennes datent d'avant l'an 1000. Elles sont nombreuses en Islande, en Angleterre, dans les Orcades et surtout en Suède, qui s'enorgueillit de plus de 3 000 inscriptions des temps vikings.

Saga : c'est le nom que l'on donne à un ancien récit légendaire ou historique de la tradition viking. L'ensemble des sagas couvre la mythologie et des événements de l'histoire des vieux Norvégiens, Danois et Islandais. Il revient à des érudits islandais d'avoir, du XVIe au XVIIIe siècle, exhumé ces trésors historiques et littéraires que sont les sagas.

Saur : se dit du poisson salé et séché à la fumée.

Scalde : dans la société viking, le scalde était le poète, le chanteur, le récitant, à la fois créateur de nouvelles sagas et dépositaire des anciennes. Nombre de scaldes ont laissé un nom dans l'histoire et la littérature de l'Islande. Mais les auteurs qui composèrent la *Saga d'Erik-le-Rouge* et le *Livre des Groenlandais* sont demeurés anonymes.

Serf : la société viking possède aussi ses classes sociales. Les nobles, les hommes libres et les esclaves, ou serfs, constituent la communauté traditionnelle. A part les rois (il y eut des rois de Norvège, de Suède et du Danemark), le plus ancien titre était celui de *hersir*. Chef de bande, le hersir commandait la horde (*herr*). Les hommes libres — les Vikings ordinaires — possédaient des serfs. Un ou plusieurs, question de richesse. Les serfs provenaient des razzias effectuées en terre étrangère. On vendait sur les marchés de Birka, de Kaupang, de Hedeby, des esclaves slaves, germains, francs ou irlandais. Les maîtres les employaient aux travaux domestiques. Les conditions de vie de l'esclave, appelé *praell*, n'étaient pas trop lourdes. Il arrivait souvent que le serf fût affranchi pour bons services rendus.

Stéatite : roche compacte faite de talc. Ce minéral qu'on taille et travaille aisément, commun en Norvège, Islande et Groenland, servit de matériau aux Vikings. Les fouilles ont mis à jour quantité de pots, de vases, de chaudrons et autres récipients à usage domestique, en stéatite.

Thing : une ancienne coutume des peuples du Nord voulait que les querelles se règlent dans des réunions appelées Things. Ces assemblées rendaient la justice. Ce qui faisait dire au vieil historien Adam de Brême, en 1076 : « Les Islandais n'ont pas de roi. Ils ont seulement la Loi. » Depuis 930 existait en Islande, pour toute la nation, un parlement nommé *Althing*.

Tourbière : plaine basse, souvent marécageuse, où les Scandinaves exploitaient les gisements de tourbe, qui servait au chauffage. Le minerai de fer était quelquefois extrait des tourbières. Celles-ci servirent aussi parfois de zones funéraires. On a découvert dans les tourbières scandinaves des objets domestiques, des chariots, des traîneaux, et aussi des navires des temps vikings.

Tribord : côté droit du navire quand on regarde l'avant. Le côté gauche se nomme bâbord.

Valhöll : séjour des dieux scandinaves et des guerriers valeureux, morts au combat. Des poèmes célèbrent ce « paradis » d'Odin, aux cinq cent quarante portes.

« Les tuiles sont des boucliers, les chevrons sont des lances

« Et les bancs sont couverts de cuirasses.

« Huit cents guerriers à la fois sortiront par chaque porte quand il faudra aller chasser le loup... »

Les Walkyries, hôtesses du Valhöll, versent à boire la bière et l'hydromel.

Brattahlid
Luttrell
Biskupin
Le Mont-Saint-Michel
La Loire
Rouffignac
Athène